Lee Jung-Hwa

시인 이정화

목조미륵보살반가사유상과 나비

시인 이정화 李貞和

1952년 경남 통영 출생
진주여고를 거쳐 숙명여대 국문학과 졸업(1974년)
1991년 『시와시학』 신인상 등단
1993년 시집 『포도주를 뜨며』를 냄
현재 대구 거주

목조미륵보살반가사유상과 나비

지은이 | 이정화
펴낸이 | 김재돈
펴낸곳 | 도서출판 시와시학
1판1쇄 | 2011년 10월 31일
출판등록 | 2010년 8월 10일
등록번호 | 제2010-000036호
주소 | 서울 종로구 명륜동1가 42
전화 | 744-0110
FAX | 3672-2674

값 8,000원

ISBN 978-89-94889-19-1 03810

* 저자와의 협의에 의해 인지를 생략합니다.
* 잘못된 책은 바꾸어 드립니다.

이정화 시집

목조미륵보살반가사유상과 나비

시학
Poetics

■ 시인의 말

첫새벽, 눈을 떴을 때나
한낮 길을 걸을 때도 '하늘이 왜 나를 내었는가'
'나는 무엇을 위하여 사는가' 가 늘 떠오른다

이르지 못하는 사랑은 괴로운 것
그러나 그리운 대상이 있고
내 마음이 한결같으면 존재 이유가 되고
내 속에서 환한 햇덩이 하나 솟아오르지 않겠는가

첫 시집(1993년)을 낸 후 오랜 기간의 작품을
쓴 차례 없이 소재 · 주제 혹은
마음 닿는 대로 나눠 놓았을 뿐이다

2011년 1월
이정화

차례

- 시인의 말
- 작품해설 | 김재홍

제1부

목조미륵보살반가사유상과 나비	15
지우개	16
옥玉에 대한 한 어리광	17
껴묻이	18
로봇	19
집	20
북받치는 슬픔	21
눈	22
유령인간	24
증발	25
만산홍엽滿山紅葉	26
그림자의 생生	27
붉은 꽃	28
낮달	29
어둠 속에 벨이 울릴 때	30
달항아리	32

제2부

환한 봄　37
날　38
2월 탄력　39
삼월　40
칼날 위의 봄날　41
그 봄날의 데카르트　42
봄　43
액정화면 속의 봄　44
벚꽃 가득히 쓴 차　46
비날　47
비　48
낙엽 명중命中　49
장마　50
백로白露　52
몽골 초원에 내리는 비　54

제3부

난蘭　59
가시연꽃　60
비슬산 진달래　61
칡　62
쑥　63
달개비꽃　64
아프리칸 바이올렛　65
목련　66
자목련　67
천리향　68
치자꽃　70
단풍　72
고무나무에게　74
모과는 정물화 속에 있다　76
달맞이꽃　78

제4부

공 던지는 사람   81
능선   82
폭포   83
열도列島   84
장강長江   86
북   87
스케치   88
고추잠자리   89
고인돌   90
지렁이   92
어떤 사랑   93
정적靜寂   94
미끼   96
양품점   97
풍속기風俗記   98
통영   100
사자   102

제1부

목조미륵보살반가사유상과 나비

존재 하나로 천지 그윽한
봄

목질木質의, 그리움에도 물무늬 지는
내 기다림은 늘 식물성

공후인 파르라한 현 울림, 가는 손가락 끝
가벼웁게
내 사랑은 또 천 년의 가람을 짓고

그대
안으로의
긴 응시,
눈그늘
삼라森羅를 적시는 밀물이여

액자 이쪽 그대 숨결에 꽂혀
그대로 멈춘 나는
찰나를 나는 나비

지우개

꽃이
가지를 지우고

잎이
꽃을 지우고

바람이 잎을 지우고

여름이 봄을
가을이 그 여름을
겨울이
다시 가을 지워
봄 그리는
셀 수 없는 이 투명!

옥玉에 대한 한 어리광

옥이 나를 장식한다고 생각했으나
거울 속

그 반대,
그 일순一瞬의 육신이 목걸이로, 가락지로, 팔찌로
옥의 영원을 장식한다
오늘
적석목곽분 속

껴묻이*

새벽,
눈꺼풀을 열었을 때
별도 뜨지 않은 채 또다시 압도하는 천정

수십 층층 적석積石의 무게가 가파르게
공기를 눌러

모든 위로와 탄식과
영광은 저 바깥세상의 것

내 몸 몇 마디 뻥 뚫린 퉁소가 되어
들숨
날숨

나는 살아 있다
곡절 없이
아직은,

---

* 왕이나 남편의 장사에 신하나 아내를 산 채로 함께 묻는 순장殉葬을 뜻하는 우리말.

로봇

자리에서 눈이 떠지면
이미 한 덩이 고철

삐걱거리며 다리를 꺾어 보고
팔을 세워 보고, 벌려 보고

해가 뜨면
우주의 저 먼 소실점 어딘가로부터
수시로 켜지는
감당할 수 없는
리모트 컨트롤

어젯밤 흘렸던 누액 자죽이
오늘 자잘한 드라이플라워처럼
말랐다

너는 어느 날 녹綠이라 할까
푸른 꿈이었다 할까

집

해발 5000m, 카일라스 설산 위 날개 펴
소리 없이 맴도는 독수리의 날카로운 부리나
야크 가죽배 고요히 떠 있는
얄룽창포 긴 강 물고기들의
비린 내장 속*

거기가 내 집,
수면에 닿아 스러지는 눈발처럼
이미 형체 없는
내 살의 살
뼈의 뼈

바람의 손이 끊임없이 돌리는 저 마니차 경經들

---

* 티베트에서는 토막 낸 시신을 독수리에게 던져 주는 풍장風葬이나, 강물 속 물고기에 던져 주는 수장水葬 풍습이 있음. 척박한 자연풍토 여건과 종교적 보시 의식이 아우러진 것으로 보임.

북받치는 슬픔

연꽃 위를 구르는
이 한 방울
지극한 마음

결국
진흙물에 떨어져
흐려질지라도
산산이 부서질 여러 조각이
내장되어 있을지라도
일순
순수한 결정

하늘 꿰비치는 마음

눈

러시아 바이칼 호수 깊이 1740m
가없는 바다 넓이의 맑음을 지키는
자정自淨 생물군은
그 마지막 캄캄한 펄 층의
자디잔 흰 새우들
눈이 없다

대한민국 해남 미황사 뜰
독경 소리 들리는 쪽으로 벋은
매화 어린 가지
입춘 며칠 지난 뒤
다시 눈 내려
여린 입 벌린 이른 꽃 몇 송이에
얼음향이 물리다

오십에서도 몇 년을 미적거려 온 근시인 나
오늘 단안 내려
수족관 안경점에서 다초점 눈알 물고기로 변신한다

사물을 어둑히 꿰뚫어
내 한 영혼의 시야는 이쯤에서 자정될까
생살 베이어 얼음 서리는
일순의 향이 맺힐까

유령인간

머리에
호사도요 관을 쓴 사람

어깨가 패는 목도를 지거나
꼼짝없이 짓누르는
무거운 짐 진 사람

발목에 차꼬를 찬 채
쇳덩이 생애를 끄는 사람

도시의 거리에서
실체 없이
뜨거운 부딪힘 없이
찬비처럼 제각각 옮아 다닌다

증발

꿈 깬 아침
꿨다는 흔적만으로 내용이 사라지는 것처럼

내 이승의 긴 하루
살았다는
꿨다는 흔적만으로
그 흔적조차
물자죽 마를 때

그때
안녕

만산홍엽滿山紅葉

거의 다 짜 올린
일 년 수공업의 스웨터
그의 뻐끗한 마음 반나절 비에
한 코
한 코
풀어진다
곧 산 하나가 무너지리라

그림자의 생生

옷고름 풀려
흐르는 물 위
내 그림자를 보았네

들꽃 몇 송이 꺾어 들고
잔칫날인 양 치마폭은 부풀고 부풀어

하늘도
구름도
세상 금박金箔 향기까지
둥둥 떠가네
얼마 동안

붉은 꽃

늙은 티베트 승들이
진언眞言을 외운다

머리에 마른 꽃잎을 붙이는 것은
부처의 가피를 입고자 하는 것

— 선업善業
내세의 행복

눈 쓴 산정山頂 아래 푸른 초원의 법회
늙은 라마승
한 사람 한 사람이
붉은 꽃이다

낯달

아, 앙가슴에
흰 피 흘리시는
어머니

어둠 속에 벨이 울릴 때

새벽하늘 유성우流星雨를 우러르다
내 한 점 지상의 별똥별로

그녀가 갔다
애지중지하던 가족
아무도 없는 오후 거실에서 비스듬히
저녁 식사 약속 시간도 닿기 전 서둘러 총총
큰 어둠이 그녀를 데려간 후에도
하늘에서 꿈틀 빛나던 푸른 눈썹

뒷다리로 초록 천지를 보행하던 나는 공룡
무거운 이상의 잎 잎들, 몸뚱이를 털어 버린 오랜 후
누군가 하나 둘
주워 이어 연결된 내 등뼈 속에도
순간 속의 영원
번쩍, 불꽃 전류는 흐를 것인가

어둠 속 벨이 울릴 때

땅 위에 사로잡힌 내 영혼
깊게 팬 화석 발자국은 굳는다

달항아리
－벽제에서

불가마 속에
그녀가 들어갔다

참으로 흙 반죽 같았던 생애
이리 짓이기고
저리 짓이겨진

핑핑 물레로 도는 세월 위에
그래도 사랑은
원융하게
똬리를 틀었다

타오르는
불파도를 견뎌
견뎌

그대,
죽어서 비로소 완성된

차가움

달항아리

제2부

환한 봄

봄
고속도로
금빛 중앙선 너머
멀리
투명한 비닐봉지들
민들레 꽃씨처럼
팽팽히 떠간다
고요히,
무정란

한세상
내 몸이 너무 빨리 나아가
슬로비디오로 뒤에 처지는
내 꿈
결코 부화할 수 없는,
백미러 속
더 환한 봄

날

날이 갈수록
날이 무뎌

날을 벼리면서
날을 버릴수록
해낮은 짧아

위로처럼
잠깐씩

하늘 길로 뻗치는 무지개

2월 탄력

또다시 봄,
무섭다
겨우내 물만 준
천리향 망울진 곁
식구들 나날의 양말짝들, 걸레 빨아 널다가
채 피지 않아도
언뜻언뜻 스치는 근원을 알 수 없는
향香
비누거품 터트리며
잘게 튀는 무지개
고감도 투명 스타킹에
갇혀 모기로 윙윙거리는
저 탄력
한번도 써 보지 않은 침針들

삼월

꼼짝 마
꽃망울의 순간
온통 지뢰밭이다

한 발 앞으로 옮기면 고통
한 발 옆으로 옮기면 번뇌
한 발 뒤로 옮기면 이별
듬성듬성
허방다리로 숨은 환희

건드리지 마
밟지 마

종다리 경고음
투명한 불로 날아다닌다

칼날 위의 봄날

아슬아슬한 작둣날 위의 몸
미친 신명으로
즈려 뛰기까지 하다

초록 호수
물수제비뜨는 시간

뚝뚝 모가지채 지는 동백꽃
제 몸 조명으로
한 순간 세상천지 환하다

그 봄날의 데카르트

눈에 보이는 꽃도
결코 믿을 수 없고

귀에 들리는 새소리 물소리도 마찬가지며

절대로 확실한 것조차 확실하지 않았다

봄
— 브리트니 스피어스에게

누구나 한번쯤 자기의 머리를
확 밀어 버리고 싶은 때가 있다

재활원

그 정맥이 파란 공기

액정화면 속의 봄

꽃 소식이 떠올라
잠시 봄이 들렀나 보다

진동으로 전해 오는
그의 마지막 맥박,
부음
낮게 진저리 치다

강물을 배경으로
붉은 개복숭아꽃 흐드러지게 피어
그 앞에 얼굴이 맺히고
찰칵
어느새 꽃잎 하르르
물 위에 져

오어吾魚는 어디로?

범종 소리

흘러가는 물결 위 돋을새김 되어
저무는 어깨들을 잠시 주무르다가
이윽고 함께
멀어진다

벚꽃 가득히 쓴 차

바람 불고
비 내린
4월 첫 주에서
둘째 주 사이
벚꽃 가득 떨어져
창이며 몸뚱이며
하얗게 꽃잎 뒤집어쓴 차
가
앞에 간다

저 차는
모름지기 호흡하는 식물성?

비날

하루 내내 시침바느질을 하다
시치고
시치고
또
시치고

이 가봉假縫을 언제 푸랴
긴긴 인생

비

오십 년 힘들게 써 온 내 인생 답안을
21세기 첫 유월 끝벼랑에서
비는 석삼 일 시퍼렇게
틀렸다고 틀렸다고
죽죽 사선만 그어 댑니다

낙엽 명중命中

내가 떨어지는 것은
한 바람의 방향과
네 느꺼운 가을 정서에 의한 것이 아닌
어쩌면 그 여럿의 눈길을 초월한
언제나 입 벌리고 있는 심연,
나의 과녁으로
깊이 명중하는 것이다

장마

1
새 한 마리 날지 않아
날개에 얹힐
하늘도 없다

위리안치로 들어앉아
제 속에
총총 꽂는 시선
전신 바늘꽂이

2
즐문토기
그 허리에 비껴 새기는
하염없음,
문양의 나날

3
황톳빛 동굴 내부를 들여다보는

원시 혈거인의
어두운 눈

허공에 몇 번 제 목숨을 치는
부싯돌
불

백로白露

푸새의 풀을 빼면서
내 안 칼날 하나도 물에 푼다

네 눈 총총한 정기는
호랑가시 발톱
숨 막혀
포박당한 숯불 석쇠 위에서도
토막 난 낙지로 꿈틀거렸다

태양은 한 덩이 뜬숯일 뿐

가고,
가고
파국으로 올 것이 오면
강물은
지상의 파쇠붙이 모두 녹여
큰 징을 품을 것이로다

원한 같은 사랑도 풀고
푸른 풀매듭 고 맺힌 언약도 끌러
숨죽이고 숨죽이면
연년세세
금결을 금결을 낳으리로다

몽골 초원에 내리는 비

초록 대낮,
바람과 하늘과 해의 힘을 붙들어 맨 오색 깃발이
물 밖에 나온 생어로 힘껏 퍼덕이다
천둥이 치고
갑작스레 쏟아지는 소낙비

그가 마치
근 팔백 년을 기다렸다는 듯
공중으로부터
초원 위 내게로 쫙 훑어 오는 투망,
낱낱 시퍼런 창날과 화살
억세게 매듭진
세계사에 촘촘 갇혀, 일순 꼼짝할 수 없는 나

   달려가는 전장 기마들의 다리 사이사이로
    옛 정벌의 붉은 피들은 삭아 점점이 야생들꽃으로
퍼나고
    서로의 칼날에 찢겼던 상처들은 부드러운

능선으로 이어져 가식을 벗은 맨몸으로 저만치 눕다

—누구가 영원한 영웅이겠느냐
—어느 곳인들 깊은 안식의 하렘이었으리
애증으로 얼어붙는 피와 함께
풀 더미에 비루하게 숨어 세운 어린 노예의 밤

오늘, 그는 가고
나는 돌아온 광막한 초원
어긋난 시간 위
초록이 숱한 배반처럼 무성하다

저 흰 양떼와 띄엄띄엄 선 마소들
어느새 저마다
빗방울을 닦아 보석으로 눈에 걸고
아까부터 그윽이
우리 일행을 세상 속에 방목하고 섰다

제3부

난蘭

진검이 오가는
사투死鬪

혹은
찰나에 스치는
죽음보다 진한 향

바람결을 가르다
피 한 방울 없이

가시연꽃

아름다운 모순

그대 꽃다움 향해
내 마음 뚫어 솟은 예리한 창날이여
또한 시시때때
그리움의 허튼 짓을 막는 한 겹 견고한 방패여

여기는 막무가내
소용돌이로 흘러들었던 질탕한 흙물의 뿌리조차
가라앉고 가라앉히는
일억 사천만 년 전 우포늪

비슬산 진달래

비슬산에 좌악 깔린 지뢰밭

봄날
능선이며, 골짝
내딛는 봉우리마다
분홍 폭약 한꺼번에 터뜨려지네

황홀 속에 눈 잃고
귀 달아나고
온몸 갈기갈기 없어져
심장 하나 붉은 그리움 흘리며 간신히 돌아오네

캄캄히 남은 날들을
동성로로 반월당으로 신천으로
그리움의 갱도를 뚫어 벋는
뿌리,
그 뇌관이네 나는

칡

옷자락 스치기만 해도 정情이 뿌리내리는 여자
보리누름 잠깐 낮졸음에도 황토 묻은 속곳 자락 삐주름히
아무거나 붙드는 허기, 뻐꾸기 밑 빠진 목청 깊이
동풍東風 불어오면
낮달이나 그믐밤이나 치렁히
감아 버리는
산비탈 둔덕바지 아무 데나 호미 던지고
치마 걷어 콸콸콸 오줌통을 비우는 여자
무성한 제 사랑의 방식으로
세상을
초록 피멍이 들도록 깔아뭉개는 여자
햇살 아래 정초淨草들의 푸닥거리
못 미더워
마음자락 잇대어 겹겹 휘갑치다
땅속 어둠에 툭툭한 내 새끼를 낳는

쑥

빛깔과 향기
향기와 맛이 일치하는 건 흔찮다

마흔의 들녘,
수월찮이 헤매고 다녀 보아도
허술히 지나친 땅
양지쪽 어드메면 더욱 좋고, 그러나 음지에서도 멀쑥
기다렸다는 듯 재재거렸다

춥고 어두운 배후는 지난 겨울 눈발에 지워지고
오직 앞으로 달려가며 트이는 강가
쓴 사랑 즙으로 뚝뚝 떨어져 고인 시퍼런 한 사발
목숨의 불감증을 다스린다

자갈밭 황토 위 어디서나 깃을 치고
부리에 푸른 피가 묻은 아지랑이 울음들

무명적삼 말린 앞섶을 펴며
힘겹게 넘어가는 남도창의 한 고개

달개비꽃

태풍 루사가 강타해
전국 여러 곳이 허물어진
뒷날 아침 산길 기슭에서 만난
아주 쬐그만 파랑 쥐들
두 귀 쫑긋
노란 주둥이
흰 수염까지 어엿이 달린 파랑 쥐떼가
몇 날의 비바람에 쓸려 가지도 않고 용케
미명의 빛들을 오물거리고 섰다
너희 선연한 눈망울 앞에
내 절망이 슬쩍 꼬리를 내린다

아프리칸 바이올렛

시퍼런 아프리칸 바이올렛
내 스트레스의 공기 전염으로
어제
오늘
그리고 내일
늘 시퍼렇게 시퍼렇게 시퍼렇게
피는구나
미안하구나
삼백육십오 일 혹은 육 일
베란다
투명 유리 이쪽 박제된
햇볕 사랑의
포로로 포로로 포로로
귀엽고 앙증맞은

목련

홉뜬 눈
빼문 혓바닥

환장하도록 고요히 텅 빈
하늘에 내걸린
이 수급首級들

지난 겨울 말 울음 사이 타오르던 야전野戰의 붉은
화톳불을 보느냐
천지에 분분하던 흰 풍문을 믿느냐

짧은 혁명과
긴 모반謀反

삶은 찰나,
쑥대강이로 흐트러진 머리털

바람이 야사野史처럼 분다

자목련

붉은 혀 빼물고
헉헉거리다

재겨 딛을 초록 한 점 없이
바람의 대못들에
쾅쾅
모가지 매달려

봄의 번제燔祭

그 하늘 채 흘러가지 못하고
고요히
흰자위 치켜떠 있다

천리향

아버지 흙 속에 잘 심어 드리고
한잔 술과 눈물로 다져 드리고
다리 절며
늘 타관인 저의 빈집으로 돌아오니

이제 오느냐
나 예 있느니
나 예 있느니
평생 한번 와 보신 딸네 집
이사 간 곳도 물어물어

아버지
온 집 안에 흰 모발로 넘쳐 계시다

오늘부터
네 속
네 눈으로 나는 세상 향기를 맡을 것이리니

아 예,
아버지

치자꽃

밤,
휘황히 똬리를 튼 달빛
뜨락 맨발로 딛는
징검돌 단발머리
뺨을 스치는 바람살 하나
아찔한 두 손에 뜨겁게 받은
코피

네 앞에서 생生은
무언가 아름다운 죄罪이리라

마음 안섶
흰 옷고름을 틀어
바람개빌 돌리다

징 소리
어머니 고샅을 건너 마실 가신

부엉대숲의 당산堂山
오늘
무녀가 작둣날을 밟는
큰 굿이 열린댔다

단풍

달아나지 마
내 사랑,
끝까지 추격할 거야 어디든
사랑에 눈먼 나
하루 25km 혹은 그보다 빠른 속도로,
첫날 내게로 올 때
그대 입었던 붉은 치마
이렇게 징표로
하늘 가득 펼쳐 들고

어느 날 그대 내게 물었던가
사랑의 빛깔은 무엇이며
증오의 빛깔은
또 무엇이냐고

달아나지 마
내 사랑, 끝까지
쫓아갈 거야

이미 청맹의 사랑

컹컹 개떼로 풀어
온 산과 계곡 그 물빛까지 뒤지어
하루 25km 혹은 그보다 빠른 속도로
저 남쪽
마라도 끝까지라도

고무나무에게

우리 집 와서 십육 년째 커 온 고무나무에게
요즘
'너 곱다
너 곱다' 말하며 쓰다듬으면서
물을 준다

여든다섯에 돌아가신 외할머니 생전
내 어렸을 때
기르던 개가 새끼를 낳으면
'네 새끼 곱다
네 새끼 곱다'
산후 어미 개의 경계를 풀어 치하하며
미역국을 끓여 먹이시고
눈도 못 뜬 강아지들이 어미 젖꼭지에 붙어 서로 치이지 않게
보살펴 쓰다듬으시던 광경

제때 거름이나

물도 못 주며
어느 땐 캄캄히
혼자 기뻐하고 슬퍼하고 화내며 살고 있는
집,
어느 날 돌아다보면
유리창으로 말갛게 들여다보며
지키고 선 고무나무

네 두터운 초록 침묵은 어느 님의 말씀보다도
내 상처 위
가볍게 놓인다

모과는 정물화 속에 있다

향기가 좋아
희한한 태깔이 밉지 않아
기명에 괴어 두면
늘 겨울 한철을 넘기지 못하고 상하였다

번번이 내 사랑이 변하는 안타까움
견디지 못해
가지에 매달렸을 때 자주 치어다보며
서역 푸른 하늘 배경으로 많이 사랑하고
―사랑에는 단념이 필요해
나는 어느 때부터는 모과처럼 딱딱하고 모질어져
곁에 두지 않기로 했다

한겨울
문득 모과차를 얻어 마실 때
양탄자에 앉아
알라딘의 램프를 문지른 것처럼
피어오르는 향 속에

네 고전적 등걸과 잎새와 둥글음, 빛깔과
향비의 숨결이 스며든 촉촉한 피부가 떠오른다
혀 위 마지막 한 방울 향기로움이 사라지고서는

나는 또 내내 액자 속에 갇힌
내 사랑을 올려다본다

달맞이꽃

공범共犯, 공범이라 뇌며 달맞이꽃이 잇달아 플래시를 터뜨린다

자, 누구든지 나에게 돌을 던져라

생명의 화톳불이 사위어지도록
빙빙 돌며
때를 기다리며
달을 찢어발기는 승냥이
송
곳
니
에 걸려 넘어지는 어둠, 출렁이는 하늘 곡哭

구름이 만장輓章을 나부끼며 간다

제4부

공 던지는 사람

밤은 한 생애이다
양안兩岸의 이쪽에서 저켠으로 말없이 밤도와
공 던지는 사람

공의 커브가 천천히 그리는 완만한 곡선, 슬로비디오

때로 희망을 가지고
치어다보는 궁륭이었다
학예회 때에 매달린 은박지 별들이 흔들리며
반짝반짝 물 위에 알을 슬기도 했다

달뜬 밤
달 뜬 밤이다

내 탄생의 12지지地支인
용이 깃들어 사 하는 저 하늘을 퍼덕여 날아다니기도 하고
붉은 벼락이 쳐 생가지를 찢기도 했던

능선

선 하나를 허공에 그으며
걸어오다

살[矢]을 메기면
어디에서고
팽팽한 그리움의 호弧

깊어지는 예각에 일생의
그림자를 꽂고
제 몸이 과녁인
하늘 길을 간다

폭포

떠날 수 있는 자는 가장 빨리, 환호하며 떠나거라

회귀의 푸른 등에 실려
돌아오는 거짓 사랑도
내 아직
보지 못했다

멀리 떠나간 자는 떠나간 거리만큼의 높이로 어디서나 맞볼 것이다

마음의 낭떠러지
한 자루 거대한 촛불이
끝없이 태우는 푸른 하늘을

엄동
씨멘 상처에서
덧흘러내려 굳는 빙벽의 농膿을

열도列島

새벽,
수만의 풀벌레 소리에
돌아눕는다

떨치어도 밀려들고 밀려드는 사념, 은銀결의 잔물결
등때기가 시리어
한껏 오그린다

하늘과 바다와 마음 갈피갈피
다면경多面鏡에 뜬
환상의 달들
밤새
수없이 갉아 먹어도

수만의 예리한 은침 위에 놓인
나는
아찔한 자벌레

주변의 대기大氣는 내 주위로
환형으로 자지러지다

장강長江

아시아 주 상공의 비행기 창에서
대륙을 내려다보다
저 거대한 손바닥을 가로질러
넘실대며 꿈틀거리는 장강長江
무릇 한 생生의 운명선이란
저 정도는 도도하고 확실해야지

땅 위 부대끼는 직립의 나날 속
눈물 맺힌 얼굴을 무심히 쓸거나
노동의 손바닥을 펴면
비치지 않는 맑은 눈동자
모롱이 많은 탁류만
불운처럼 끊어질 듯 끊어질 듯 이어져

북

가포 앞바다
오늘 자잘한 들꽃 무더기 같은 비 듣고
흐린 가청권에 이르다

떠받을 뿔도 모지라진
늙은 가죽
먼 바다에서 바람이 불어오면
아직 수줍은 유액, 적조의 그리움으로 떤다

듣느냐
내 살에 박인 저 명창의
사뿐한
옥색 치맛귀

그대 앉음새 고쳐
내 율律의 등짝을 후려쳐 다오

피 뚝뚝 듣는
무수한 귀들이 허공에 걸려 있나

스케치

바람 높은 곳
나날이 여윈 부리로 나뭇가지를 물어 나른다
쓰일 데 없는,
하나씩 쌓아 쟁인다
저 겉으로 제멋대로 들쭉날쭉
길고 짧고 우툴두툴하기만 한,
어느 낮꿈 깨고
인사이드 조명으로 보라
선이 선을 이기고
모가 모를 죽여
이루어 낸 둥글음
속
작고 따스한 알들이 소복하다

고추잠자리

지리산 천왕봉
해발 1915m 위에서 본다
정상보다 한두 자 높이 날고 있는 것들,
이 고독한 높이에서
또 더한 높이로 맴돌고 있는 것들
찬 운해도 휙휙
스치어 영혼도 축축이 사방이 묻히는데
햇살만 퍼지면
순식간에 나래 말려 떠도는 것들
무언가를 찾아 오른 이 절정
천왕보다도 더 위
고독보다도 더 위
지상에서 가장 가벼운 투명한
마음들이 날고 있다

고인돌

나의 높은 고인돌 속으로 들어가네
엘리베이터를 타고 공중으로
전자키를 갖다 대어

신천 가
양지바른 곳
선사先史 이래 인류의 흔적들
나의 오늘이 바로 내일의 그 유적

잘 말린 푸른 장미가 걸린 안
〈사랑〉이나 〈영웅〉의 멜로디로
휴대폰 전자음은 쉴 새 없이 울려오고

무두질된 가죽을 두르고
찢어진 남루의 청바지를 꿰고
생계를 위해
인터넷 화살촉을 붕붕 사방으로
온 세계로 쏴

밤하늘 황홀한 별자리도
액정화면 속에서만 아주 가끔씩 바르르 떠네

인공위성이 비추는 저 세계사의 골목길도 환할까

지렁이

내 몸이 길이다

내 몸이 토막 잘려
하늘도 꿈틀

전신으로 뒹굴어 벋는
내 몸이 길이다

안개도
비구름도
내가 뿜어, 뚫는
터널

저 하늘의 무지개조차
내 등을 휘다

어떤 사랑
― 호박琥珀 속의 벌

황홀한 오늘에 취해 있다
캄캄히 뜬 눈 속엔
끝내
미래도
내일의 빛깔도 없다

내 그리움 전신을 벼리어
너에게
한 사랑을 맹세할 수 있다면
몇 겁劫의
투명한 잠 속이라도 좋으리

정적靜寂

여남은 살 적
진주 남강 서장대西將臺 아래
다박머리 혼자 나풀나풀 빨랫돌 놓아
들고 간 옷가지 강 물살에 헹굴 때

나도 모르는 새 물 속에서
엉금엉금 기어 나와 바로 곁
비스듬히 올려다보던
눈
깜짝 무서워, 건너편 대숲도
왈칵 다가와
주섬 거두어 돌아오려다
다시 나도 한번 가만히 저를 지켜보던
눈

댓잎 그림자만 강물 위 묵화를 쳤다

삶이 흐르는 네거리

팔차선 건널목, 겨냥하는 경적 어디쯤에서나
그 시선
그 눈망울 빤히 나를 띄우고 있다

미끼

미끼 상품을 따 먹으러
시내 이 백화점에서 저 백화점으로
저 쇼핑에서 이 플라자로
헤엄치고
헤엄쳐 다녀
낚아채고 또 낚아채어
가득 넘치는 쇼핑 카터, 낚시 바구니

몽환의 수족관
휘황한 조명을 벗어난 바깥
저 저무는 서천西天, 황황한 태양이 탱탱히 드리우고 있는
인생이라는
낚싯바늘에
덜컥
내 코가 꿰이다

양품점

마알간 진열창 안 내내
목 없이 서 있는 의상들
터틀넥에
바지,
점퍼를 받친
체크무늬 고요한 치마들

징그러워라
목 없는 닭이
타작마당을 필사적(?)으로 달리고 있다

등 너머
은 쟁반에 얹혀지는
내 목

들러붙은(덧시 칠해진)
남은 삶의 책 몇 페이지께를 침 묻혀 넘기라고
네게 말하진 않으리

풍속기風俗記

번화가의 카페나 스낵코너 유리벽 풍속이 달라졌다
이전에는 안의 손님만 내다볼 수 있고
바깥에선 안을 엿볼 수 없는 불투명이었으나
이젠
안이나 밖이나 한통속으로 보이는
단지 투명 경계일 뿐이다
조명으로 오히려 안이 더 환히 드러나
지을 죄도 없어 보인다
길을 지나가다 무심코
탁자 너머 마주 앉은 사람과 맞닥뜨려
움찔 놀라면
낯모르는 이가 멀뚱히 앉아 있다
스낵이나 음료 한 잔을 앞에 두고
그 자신이 그 구획의 손님이면서
또한 무료한 시간의 마네킹으로 피 뚝뚝 듣는
생생함으로 진열돼 있다

이 세상의

귀한 손님이면서
또한 전시용인
너 혹은 나의 생

통영

다도해를 지나
그리운 이의 품인 내항
여객선 흰 뱃고동 소리에
일상의 파랑에서 선량한 시간대를 가늠하는 시민들

일고여덟 살 때
바다가 내려다보이는 초등학교 내 풍경화 속에는
늘 푸른 크레파스가 달렸고 돛단배들이 나비로 날아

음력 보름밤이런가
세병관 앞마당에서 벌이던 오광대놀이
젊은 아버지 손에 든 어린 구경꾼은 무언가 두려우면서도
삶은 흥겨우리라 예감했을까
달빛 조명에 탈들이 울긋불긋, 생선으로 튀어
해안선은 고요히 부푸는 한사리

소풍은 늘

해저터널을 지나 용화사로 갔다
바닷속에 들 때는 초록 비늘이 돋아 인어가 되곤

손님이 오시어 남망산 공원
충무공 동상 긴 칼 아래서 찍은 사진은 차렷 자세
벅숫골, 퉁방울눈의 벅수에 가끔 왼새끼가 드리워
간밤 치성 드린 흔적이 있는
그런 아침에는 벅수의 한쪽 수염이 흐뭇이 더 올라가

원문고개, 앳골, 명정골 곳곳마다
설화 같은 이야기가 바람 불어 다니고
먼 바다에서는 파시가 섰다

사자

그 집 창살 너머엔 사자 한 마리 있다

한낮 햇살엔 거실가로
어슬렁거리다가
이따금 옛 영화의 서막처럼, 쭈그려 앉아
입 쫙 벌리고
과거와 현재
이쪽저쪽 칼날 선 꽃 한 송이, 한 송이 피운다

밀림과 초원은
네가 볼 때 초점을 잃어 뵈는
그의 눈 속 원경으로 내장되어 있다

끔벅일수록
초록 부메랑은 깊이와
윤기를 더한다

작품 해설

생의 재발견과 허무의 초극

김 재 홍

(문학평론가 · 경희대 교수)

 1991년 등단하여 1993년 첫 시집 『포도주를 뜨며』를 상재했던 이정화 시인, 그가 등단한 지 어언 20년, 첫 시집 이후 18년 만에 두 번째 시집 『목조미륵보살반가사유상과 나비』를 펴낸다. 요즘과 같은 혼돈과 속도의 시대에 18년 만에 두 번째 시집이라면 게으르다는 평을 받기 십상이다. 그만큼 이 시인이 지나친 과작이라 하겠지만, 또 달리 생각하면 작품 창작에 한 편 한 편 공력을 기울인다는 뜻이 될 수도 있겠다.
 시이이 시를 쓰는 것은 무슨 의미를 지니는가? 이런 질문은 마치 우리가 '왜 사느냐' 하며 존재의 의미와 가치에 대해 새삼스런 질문을 제기하는 것과 크게 다르지 않으리라. 지난

날 카뮈가 말했던가? 글을 쓴다는 것은 부조리한 삶, 모순의 세상에 저항하는 행위이며 삶의 모순성에 대한 항거의 몸부림으로서 의미를 지닌다고?

그렇다! 이정화 시인이 시를 쓰는 것은 세상의 허위와 모순, 부조리한 생에 대한 질문의 제기이고 저항의 한 표현 방식에 해당한다. 오랜 침묵 끝에 18년 만에 시집을 출간하는 것 자체가 이러한 모순과 부조리로 가득 찬 삶과 세상에 대한 하나의 저항적 의미를 지니는 것으로 이해되기 때문이다.

실상 이 시인에게 있어 시를 쓰는 것은 모순의 세계상에 대한 하나의 질문 제기이자 부조리한 삶에 대한 또 다른 저항의식의 한 표현이면서 동시에 고독과 허무의 발견을 통한 자기 구원의 몸짓이라 할 수 있다.

> 꿈 깬 아침/ 꿨다는 흔적만으로 내용이 사라지는 것처럼// 내 이승의 긴 하루/ 살았다는/ 꿨다는 흔적만으로/ 그 흔적조차/ 물자죽 마를 때// 그때/ 안녕
> ―「증발」전문

이 한 편의 시에서 볼 때도 그의 시는 부조리한 세상, 허무한 생에 대한 질문과 각성을 제기하는 동시에 하나의 저항을 시도하는 내용을 담고 있는 모습이라고 하겠다. 온갖 모순과 부조리, 그리고 허무로 가득 찬 세계상과 인생에 대한 반성적 사유를 담고 있는 것으로 해석되기 때문이다.

이에 새롭게 재출발하는 이 시인을 격려하고 축하하는 뜻에서 간략히 그의 시 세계를 살펴보고자 한다.

1. 불연속의 삶, 비관적 생의 인식

이정화 새 시집에서 그 기저음이 되는 것은 불연속적 세계 인식이다. 불연속적 세계 인식이란 무엇이던가? 한마디로 그것은 자아와 세계의 단절 또는 불일치로 인하여 갖게 되는 비관적, 부정적인 생의 인식과 태도를 말한다.

> ① 눈에 보이는 꽃도
> 　결코 믿을 수 없고
>
> 귀에 들리는 새소리 물소리도 마찬가지며
>
> 절대로 확실한 것조차 확실하지 않았다
> 　　　　　　　　　　―「그 봄날의 데카르트」 전문
>
> ② 머리에
> 　호사도요 관을 쓴 사람
>
> 어깨가 패는 목도를 지거나
> 꼼짝없이 짓누르는
> 무거운 짐 진 사람
>
> 발목에 차꼬를 찬 채
> 쇳덩이 생애를 끄는 사람
>
> 도시의 거리에서

실체 없이
　　뜨거운 부딪힘 없이
　　찬비처럼 제각각 옮아 다닌다
　　　　　　　　　　　　―「유령인간」 전문

먼저 시 ①에는 부정적 현실 인식 또는 비관적인 세계 인식이 두드러진다. "눈에 보이는 꽃도/ 결코 믿을 수 없고// 절대로 확실한 것조차 확실하지 않았다"라는 구절 속에는 세계와의 단절과 소외로서 불연속적 세계관과 함께 믿을 것 없는 현실, 삶의 불확정성에 대한 불안과 불신이 짙게 깔려 있는 것으로 해석된다. 오늘날 기계문명의 급속한 발달과 자본주의의 무한 확대 및 물량화·도시화로 인한 인간 상실 또는 인간 소외 현상을 반영한 것이 아닐 수 없다.

시 ②도 마찬가지다. 오늘날 현대문명과 도시의 그늘, 자본과 상업주의에 짓눌려 참 자아와 진심을 잃고 사는 현대인의 불안하고 방황하는 실존이 '유령인간'으로 형상화되고 있기 때문이다.

사실 그렇지 아니한가? 오늘날 자아와 세계, 인간과 인간, 정신과 물질의 모순성, 양면성으로 인한 단절과 소외, 불안과 방황 속에서 현대인들은 얼마나 심각한 정신의 위기 또는 심리적 갈등을 겪으며 살아가고 있는가. 무수한 단절과 소외, 불안과 방황 속에 흔들리면서 무거운 짐을 진 채로 허덕이며 실체 없이 유령처럼 살아가는 모습인 것이다.

　　미끼 상품을 따 먹으러

> 시내 이 백화점에서 저 백화점으로
> 저 쇼핑에서 이 플라자로
> 헤엄치고
> 헤엄쳐 다녀
> 낚아채고 또 낚아채여
> 가득 넘치는 쇼핑 카터, 낚시 바구니
>
> 몽환의 수족관
> 휘황한 조명을 벗어난 바깥
> 저 저무는 서천西天, 황황한 태양이 탱탱히 드리우고 있는
> 인생이라는
> 낚싯바늘에
> 덜컥
> 내 코가 꿰이다
>
> ―「미끼」 전문

 이 시에서도 온갖 자본주의와 물신주의에 사로잡혀 세상 어디 한 곳 마음 놓고 기댈 곳도 없고 믿을 바 없이 부유하며 떠도는 현대적 삶의 부박한, 황폐한 모습이 묘파되어 있다. 오늘날 우리의 삶이란 "미끼 상품을 따 먹으러/ 시내 이 백화점에서 저 백화점으로/ 저 쇼핑에서 이 플라자로/ 헤엄치고" 다니면서 "낚아채고 또 낚아채"이는 그런 불모의 풍경, 생명 상실, 인간소외 속에서 살아가고 있는 것이 아닌가 하는 말이다. 그만큼 대부분의 현대인이 겪고 있는 인간 상실과 정신의 위기 상황이 "인생이라는/ 낚싯바늘에/ 덜컥/ 내 코가 꿰이다"라는 결구로 압축·요약됨으로써 오늘날의 세태를 날카

롭게 풍자하고 인간 상실 현상을 비판하고 있는 것이다.

"이 세상의/ 귀한 손님이면서/ 또한 전시용인/ 너 혹은 나의 생"(「풍속기」)이라는 다른 한 편의 시구에서도 확인할 수 있는 것처럼 오늘날 인간성과 참자아를 잃고 떠도는 삶의 피폐한 모습이 예리하고 섬세하게 제시됨으로써 진정한 인간성을 회복하고 참된 자아를 확립하며 살아가고 싶다는, 살아가고자 하는 안타까운 염원과 소망을 표출하고 있다는 뜻이다.

2. 고전 상상력과 불교적 사유

시인의 세계 인식이 기본적인 면에서 불연속성 또는 불확정성에서 비롯된 비관적 현실 인식임에도 불구하고 그의 시적 상상력의 전개는 고전적인 상상력에 뿌리를 두고 있으며 불교적 사유에 바탕을 두고 전개되고 있는 것이 특징이다.

    존재 하나로 천지 그윽한
    봄

    목질木質의, 그리움에도 물무늬 지는
    내 기다림은 늘 식물성

    공후인 파르라한 현 울림, 가는 손가락 끝
    가벼웁게
    내 사랑은 또 천 년의 가람을 짓고

그대
안으로의
긴 응시,
눈그늘
삼라森羅를 적시는 밀물이여

액자 이쪽 그대 숨결에 꽂혀
그대로 멈춘 나는
찰나를 나는 나비
　　　　　―「목조미륵보살반가사유상과 나비」 전문

이 시에서 보듯이 시인의 시적 인식은 고전적 제재와 소재 및 상상력에 연원하며, 그것은 다시 불교적 사유에 의지하고 있는 모습으로 이해된다.

또한 이 시는 제목 그대로 '목조미륵보살반가사유상'을 제재로 하면서 천년의 사유, 천년의 사랑으로서 사랑과 진실의 영원성을 노래하고 그와 대비되는 인생의 덧없음, 즉 '찰나를 나는 나비'로서 인간의 무상한 실상을 대비시켜 영원 속에서 순간을, 순간 속에서 영원을 사는 인간의 본성을 묘파하고 있는 것이다.

이러한 고전적 상상력과 불교적 사유는 시인 자신의 고향인 경남 진주 및 전공인 국문학, 그리고 가계 환경 등과 연결되는 것이 아닌가 여겨진다. 그의 시에 자주 등장하는 진주 남강 등의 역사적 소재 및 제재, 그리고「공후인」등 국문학

작품 등이 그러한 감각과 의식을 노출한 것으로 해석되기 때문이다. 그의 첫 시집 『포도주를 뜨며』(1993)의 저류에 흐르는 정서와 감각도 이러한 고전 지향성과 불교적 세계 인식, 그리고 역사의식에 뿌리를 두고 펼쳐져 가는 모습이었던 점도 이에 한 방증이 될 것이다. 실상 그의 많은 시편들에 전통적 윤리 의식과 고전적 기품 그리고 도덕적 향취가 짙게 깔려 있는 것도 이러한 시인 자신의 고전적 상상력과 전통 의식 및 불교적 사유와 역사 감각에서 자연스레 우러나온 것임을 충분히 유추해 볼 수 있으리라.

3. 식물 상상력과 인생론의 시

시집에 드러나는 또 다른 특성은 시인의 상상력이 식물적인 것에 뿌리를 두고 있으며, 그것은 근본적인 면에서 인생론으로 귀결되는 특징을 지닌다는 점이다.

비슬산에 좌악 깔린 지뢰밭

봄날
능선이며, 골짝
내딛는 봉우리마다
분홍 폭약 한꺼번에 터뜨려지네

황홀 속에 눈 잃고

귀 달아나고
온몸 갈기갈기 없어져
심장 하나 붉은 그리움 흘리며 간신히 돌아오네

캄캄히 남은 날들을
동성로로 반월당으로 신천으로
그리움의 갱도를 뚫어 벋는
뿌리,
그 뇌관이네 나는

—「비슬산 진달래」 전문

  이 시에는 식물적 상상력을 바탕으로 삶에 관한 탐구로서 인생론이 펼쳐지고 있다. 진달래꽃이라는 식물적 소재와 제재가 사랑과 그 속성으로 그리움이라는 인생론적 내용과 삼투되면서 강렬한 주제를 형상화하고 있는 까닭이다. 그러면서도 진달래꽃을 재래의 전통적 정서와 결합하는 진부한 고식적 형상화 방법과는 달리 "지뢰밭/폭약/뇌관" 등의 현대적, 광물적 상상력과 결합시키면서 사랑의 폭발성과 돌발성을 각인시키고 있는 점이 독특하다. '진달래꽃'이라고 하면 으레 수동적이고 여성적인 정감과 연결하던 전통 방식이 적극성, 능동성 내지 폭발성을 내장함으로써 색다른 면모를 과시 하고 있기 때문이다. "온몸 갈기갈기 없어져/ 심장 하나 붉은 그리움 흘리며 간신히 돌아오네// 그리움의 갱도를 뚫어 벋는/ 뿌리,/ 그 뇌관이네 나는"이라는 시구에서 보듯이 식물 상상력을 광물상상력과 결합시켜 사랑의 모순성, 양면성을 폭발성으로 감싸 안으면서 생명의 추동력을 이끌어 내고 있다는 특징을 보여 주고 있는 것이다.

실상 앞의 시「목조미륵보살반가사유상과 나비」에서처럼 그의 시편들에는 "목질의, 그리움에도 물무늬 지는/ 내 기다림은 늘 식물성" 이 기본 저류로서 흐르고 있음을 확인할 수 있다.

  진검이 오가는/ 사투死鬪

  혹은/ 찰나에 스치는/ 죽음보다 진한 향

  바람결을 가르다/ 피 한 방울 없이
           —「난蘭」 전문

옷자락 스치기만 해도 정情이 뿌리내리는 여자
보리누름 잠깐 낮졸음에도 황토 묻은 속곳 자락 삐주름히
아무거나 붙드는 허기, 뻐꾸기 밑 빠진 목청 깊이
동풍東風 불어오면
낮달이나 그믐밤이나 치렁히
감아 버리는
산비탈 둔덕바지 아무 데나 호미 던지고
치마 걷어 콸콸콸 오줌통을 비우는 여자
무성한 제 사랑의 방식으로
세상을
초록 피멍이 들도록 깔아뭉개는 여자
햇살 아래 정초淨草들의 푸닥거리

못 미더워
마음자락 잇대어 겹겹 휘갑치다
땅속 어둠에 툭툭한 내 새끼를 낳는

—「칡」 전문

아울러 이 두 편의 시에서는 그러한 식물 상상력이 시를 형성하고 전개해 가는 견인력으로 작용하고 있음을 확인할 수 있다.

먼저 시 「난」은 난초의 곧고 부드러운 선과 깊은 향기를 통해 난초의 속성과 그 의미를 강렬하고 섬세하게 형상화하고 있어 주목된다. 난초 잎사귀가 내포한 부드러우면서도 곧은 선의 형상을 진검 사투의 모습으로 각인시키고, 그 꽃향기를 "찰나에 스치는/ 죽음보다 진한 향"으로 묘파하면서, 다시 "바람결을 가르다/ 피 한 방울 없이"라는 결구로서 마무리하는 당찬 솜씨는 예사로운 것이 아니다.

시 「칡」에서도 칡의 외연과 내포를 "옷자락 스치기만 해도 정이 뿌리내리는 여자// 무성한 제 사랑의 방식으로/ 세상을/ 초록 피멍이 들도록 깔아뭉개는 여자" 등으로 날카롭게 형상하는 시안 솜씨는 돋보이는 것이 아닐 수 없다. 다시 말해 '칡' 뿌리의 생명력과 그것이 줄기차게 벋어 나가는 모습을 통해 생의 끈질김과 인내력, 돌파력, 추진력을 묘파하고 그것이 우리네 인생에서 소중한 가치 덕목으로 작용하고 있다는 점을 강조하는 것은 의미 있는 일도 간난의기 때문이다.

이러한 식물 상상력은 시인의 시를 태동시키고 시상을 전개시키는 추동력으로 작용하면서 삶에 대한 교훈과 각성을 일깨워 준다는 점에서 의미를 지니는 것이 분명하다.

4. 뒤집어 보기 또는 가벼움 지향성

한편 이번 시집의 또 다른 특성은 이른바 '뒤집어 보기'로서 '낯설게 하기'의 기법이 구사되고 있으며 그것이 정신의 가벼움 또는 투명 지향성으로서 자유에의 길로 열려 간다는 점이 주목된다.

> 옥이 나를 장식한다고 생각했으나
> 거울 속
>
> 그 반대,
> 그 일순一瞬의 육신이 목걸이로, 가락지로, 팔찌로
> 옥의 영원을 장식한다
> 오늘
> 적석목곽분 속
>
> ―「옥玉에 대한 한 어리광」

이 시가 유독 관심을 끄는 것은 뒤집어 보기로서 낯설게 하기 또는 새롭게 보기로서 자유 지향성을 선명히 보여 준다는 점 때문이다. 상식적으로 우리는 옥玉이 인간을 장식해 주고 빛내 준다고 믿는 것이 보편적이다. 그런데 이 시는 그것을

전면적으로 뒤집어 보여 준다. 옥이 인간을 장식해 주는 것이 아니라, 오히려 인간이 옥의 영원성을 빛내 주고 가치화해 준다는 점을 깨닫게 함으로써 이른바 '발견의 시학' '새로움의 시학'을 제시하고 있는 것이다. 사실 영원의 관점에서 보면 오히려 인간 육신은 짧고 광물로서 옥은 영원성을 표상하는 것이 아니겠는가.

① 꽃이
　가지를 지우고

　잎이
　꽃을 지우고

　바람이 잎을 지우고

　여름이 봄을
　가을이 그 여름을
　겨울이
　다시 가을 지워
　봄 그리는
　셀 수 없는 이 투명!
　　　　　　　　　　　　　—「지우개」 전문

② 지리산 천왕봉
　해발 1915m 위에서 본다
　짐승보다 한두 자 높이 날고 있는 것들,

> 이 고독한 높이에서
> 또 더한 높이로 맴돌고 있는 것들
> 찬 운해도 획획
> 스치어 영혼도 축축이 사방이 묻히는데
> 햇살만 퍼지면
> 순식간에 나래 말려 떠도는 것들
> 무언가를 찾아 오른 이 절정
> 천왕보다도 더 위
> 고독보다도 더 위
> 지상에서 가장 가벼운 투명한
> 마음들이 날고 있다
> ―「고추잠자리」전문

이 두 편의 시는 이러한 뒤집어 보기로서 새롭게 보기가 궁극적으로 무엇을 지향하고 있는지를 요약적으로 보여 주어 관심을 환기한다.

먼저 시 ①에서 그것은 '지우기'로서 삶을 짓누르는 온갖 무게와 자취를 덜어 내고 끊임없이 가벼워지고자 하는 사라짐의 가치화 또는 소멸의 시학을 지향하는 것으로 이해된다. 사물의 무거움 또는 육신의 질곡과 삶의 멍에를 '지우다'라는 동사로서 벗어 버리고자 하는 자유에의 지향과 갈망이 제시된 것으로 판단되기 때문이다.

시 ②에서는 그것이 가벼움과 투명 지향성으로 구체화된다. 그 한 표상성이 이 시에서 '잠자리'이고 '날다'라는 동사이며, '높이' 또는 '위'가 표상하는 수직 상상력과 고도 지향성이라고 할 수 있다. 왜 굳이 잠자리인가? 그것은 정신의 가벼움과 투명 지향성을 표상한다. "지리산 천왕봉/ 해발 1915m 위에서 본다/ 정상보다 한두 자 높이 날고 있는 것들,/ 이 고독한 높이에서/ 또 더한 높이로 맴돌고 있는 것들"이라는 구절이 그 한 예가 된다. 아울러 "천왕보다도 더 위/ 고독보다도 더 위"가 표상하는 높이 지향성으로서 수직 상상력은 바로 그러한 정신의 초월성으로서 가벼움 지향성과 투명 지향성을 반영한 것이 아닐 수 없으리라. 그것은 고독을 뛰어넘는 고도의 경지이고 허무조차도 초월하는 영원의 한 모습에 해당한다.

실상 "지상에서 가장 가벼운 투명한/ 마음들이 날고 있다"라는 결구에는 이러한 투명 지향성과 가벼움 지향성 그리고 고도 지향성이 압축적·요약적으로 담겨 있는 것으로 이해된다. 뒤집어 보기로서 낯설게 하기, 새롭게 보기, 창조적으로 보기란 결국 육신의 길, 지상의 척도로서 운명의 무게를 넘어서 천상의 척도로서 정신에의 길, 자유에의 길을 지향하는 것으로 판단되기 때문이다.

5. 맺음말, 고독과 허무를 넘어서

그리고 보면 우리는 이창하 시인에게 18년이란 긴 침묵은 단지 고요와 정지로서의 그것이 아니라 부단한 자기성찰을 통한 생의 의미 재발견과 가치 부여를 위한 반성적 사유와 모색의 시간이었다는 점을 알 수 있게 된다.

> 오십 년 힘들게 써 온 내 인생 답안을
> 21세기 첫 유월 끝벼랑에서
> 비는 석삼 일 시퍼렇게
> 틀렸다고 틀렸다고
> 죽죽 사선만 그어 댑니다
>
> ―「비」전문

 지천명의 경지에 들어서서 퍼붓는 빗줄기를 바라보며 "틀렸다고 틀렸다고/ 죽죽 사선만 그어 댑니다"와 같이 스스로의 삶을 성찰하는 모습 속에는 생의 근원 속에 자리 잡고 있는 본질적 고독과 허무를 꿰뚫어 본 자의 아스라한 쓸쓸함이 소용돌이치고 있는 모습이 아니겠는가? 어쩌면 그것은 "수면에 닿아 스러지는 눈발처럼/ 이미 형체 없는/ 내 살의 살/ 뼈의 뼈"(「집」)에서 보이는 절대고독의 한 발견이며, "불가마 속에/ 그녀가 들어갔다// 참으로 흙 반죽 같았던 생애// (…중략…)// 타오르는/ 불파도를 견뎌/ 견뎌// 그대,/ 죽어서 비로소 완성된/ 차가움/ 달항아리"(「달항아리」)와 같은 절대허무의 한 경지에 근접해 가는 모습이 아닐 수 없다.
 바로 이 지점에서 생이란 하나의 그림자, 허상으로서 바라보는 허무의 인식이 페시미즘의 짙은 그늘을 드리우게 된다.

> 옷고름 풀려
> 흐르는 물 위

내 그림자를 보았네

들꽃 몇 송이 꺾어 들고
잔칫날인 양 치마폭은 부풀고 부풀어

하늘도
구름도
세상 금박金箔 향기까지
둥둥 떠가네
얼마 동안

―「그림자의 생生」 전문

그렇다! 삶이란 "흐르는 물 위/ 내 그림자를 보았네// 하늘도/ 구름도/ 세상 금박 향기까지/ 둥둥 떠가네/ 얼마 동안"과 같이 덧없는 것, 무상한 것이 아닐 수 없다. 그러기에 시 쓰는 일의 의미가 드러난다. 무상한 세월 속에서 덧없이 흘러가는 삶의 강물에 나름대로의 쉼표, 느낌표, 물음표를 찍어 가다가 마침내 마침표를 찍고 사라져 가는 고독한 존재, 허무한 존재를 재발견하고 그것들을 넘어서려 몸부림치는 고독과 허무의 초극 의지 그 자체인 셈이다.

오랜 침묵 끝에 이번 새 시집으로 새로운 출발을 기약하는 이정화 시인의 앞날에 더욱 각고 정진과 소망의 문이 열려 가기를 기원한다.